"Skriv till mig och andra dikter"
©Mathias Jansson (2016)
ISBN: 978-91-86915-32-2
Utgiven av:

 "jag behöver inget förlag"
c/o Mathias Jansson
Tvärvägen 23
232 52 Åkarp
Hemsida: mathiasjansson72.blogspot.com

Tryckt Lulu.com

Innehåll

Skriv till mig - 60 variationer

1.
inte ens om jag krossade bokstävlarna
skulle min poesi
nå dina gränser
för du har redan rest
till landet bortom orden

2.
ensam står jag kvar
lämnad i skuggan
av svenska akademiens ordlista

3.
idag är en dag utan ord
då alla ord nått sina gränser
du måste förstå
att orden inte räcker till
en dag som denna
då himlen
står framför mig
evigt blå

4.
spinn dina poetiska ord
runt mitt hjärta
sy dina strofer
längs min själ
och låt natten fyllas
av viskande mörker
sakta droppande
som ringar
på mina blanka sidor

5.
svärtans saliv
dryper ur mina läppar
skummande fylls
min mun med liv

6.
jag krälar längs tapeten
medan solnedgången
ringlar som snirklig
handskrift
på det dammiga golvet

7.
texten fäster inte längre
på tomhetens yta
bokstäverna
glider ljudlöst av pappret
som snön från vårens plåttak

8.
när du inte längre är här
vad har orden då för värde

9.
jag drömde
att mitt papper var svart
täckt från kant till kant
med text på ett främmande språk
texten låg blank
och djup som ett bottenlöst hav
men hur jag än försökte
kunde jag inte förstå
vad jag skrivit

10.
var min penna
genom livet
ställ alla dina bokstäver
i min mening
låt aldrig bläcket torka
på din kropp

11.
varje kväll
ska regnet
skölja våra sidor blanka

12.
i evigheten ska vi skriva
till varandra
du ska teckna
stjärnorna
och jag rista
mina svar
i nattens spegel

13.
från ditt hjärta
pulserar poesi
i dina ådror
rinner orden
de tränger sig
in i min hud
med nålars smärta
ristar du med svärta
kärlekens tecken

14.
i den tysta natten
ska min kropp vara
tomma blad
för dina kyssars
tecken

15.
i mörkret
ska vi binda våra böcker
sida vid sida
till oändliga bibliotek
där generation efter generation
ska kunna läsa vår
kärlekskaligrafi

16.
alla ord blir till droppar
som rinner iväg
alla meningarna blir till stoff
som blåser iväg
när min längtan efter dig
försöka hitta sin text

17.
inte ens med
stjärnorna
havet
eller jordens hjälp
kan jag beskriva
den känsla
som bor i mitt hjärta

18.
strimla min text
gå varsamt fram
riv den för hand
lyssna noga
när orden slits sönder
eller ta hela jävla skärmen
och kasta den i väggen
så ska du få höra
hur ett hjärta går i kras

19.
undan gott folk
för här kommer jag
poeten!
med ett hjärta
som en hopskrynklad kärleksdikt
och fickorna fulla med ord

20.
stå inte bara där att gapa
har ni aldrig sett ett geni
en herre med fantasi
som mitt i natten
springer omkring naken
och skriver dikter
på de stjärnbeströdda taken

21.
hur många ord måste dö
innan jag fångat ditt hjärta
förgäves vandrar de ensamma
på nattens papper

22.
jag är inte längre
en poet
med moln i byxorna
som spränger bokstävlerna

nej, svag är jag
knappt kan jag
vända blad
när du är borta

23.
om längtan
kunde kläs i ord
skulle mitt papper vara svart
täckt av svärta
av all ord
som strömmar
ur mitt hjärta

24.
fingrarna droppar tangenter
mot ljusets vita yta
som svarta flygmyror
rinner bokstäverna
ur sina bon

25.
bläckets skarpa kanter
driver tanken till
avgrundsbranter

26.
alltför länge
har jag njutit
av det svarta slutet
stått och stirrat
fascinerat
ner i djupet
balanserat
på stupets rand
med pennan
darrande i min hand

27.
jag har böjt och bänt orden
sökt efter det mörka ljuset
men inget har jag funnit
pennans blyertsspets
har bara ristat i tomheten
och förnekat mig
en plats i poesins salar

28.
alla dessa dikter
som jag skrev till dig i snön
har nu blåst bort

i den mörka skogen
hör jag
hur de ligger och slumrar
på snötyngda grenar

29.
som ett kalejdoskop
är mitt bokstavshasplande
samma gamla bitar
som hela tiden
kastas ut
för att
bilda nya mönster

30.
diktarlådan skakas
och ordtärningarna rasslar förbi
i ett evigt tidsfördriv
där man aldrig kan vinna
eller bli fri

31.
levande ska jag stå
bland ordens meningar
brinnande av kärlek
ska jag tala
med talstreckens
föreningar

32.
allt papper
ska bli till liv
och jag ska ropa
människa
skriv ditt liv!

bli levande
i ordets kött
och låt känslan
besegra
ditt förnuft

33.
orden är fulla av oro
de ligger inte stilla
på sina rader
de dansar i dyslexis vals
byter plats
och vill inte
sitta fast

34.
pennas ekografer
hastar i vildsint galopp
vokalerna och konsonanterna
dansar
längs papprets kanter
vägrar bestämt att
följa grammatiken
med hänvisning till
den fria poetiken

35.
om jag malde alla ord
i en stor papperskvarn
och pressade ut
den svartaste droppe
av koncentrerad skrift
skulle den inte ens räcka
till att skriva
en punkt med mitt stift

36.
minnenas
regnvåta pennor
dryper bläck
längs tapeterna

kastar oroligt
sina fingrar
längs fönsterrutan

skuggorna
sitter hopkrupna
som gamla gummor
och skriver i hörnen
medan den trögflytande
skräcken rinner
genom min själ

37.
alice i digitallandet
läs mina ord
mina bitar och paket
som susar genom glasspegelns
kilometerlånga
spindeltrådar

38.
en hälsning från underjorden
ett god natt jord
ett rid i natt
ett kaos är granne med gud hallå
där alla historier möts
och nya föds
på det svarta bokstavshavet

39.
attans apati
min aphjärnas afasi
känns som bortkastad fantasi
i bokstavsbrottningens
raseri

40.
sneda streck
och omöjliga o:n
punktdrypande
kurvor och
krossade bokstäder
glidande meningar
och omöjliga föreningar

41.
jag ser inte längre
vad jag skriver
bokstäverna sprider
ut sig i mystiska ringlingar
oväntade krökningar
och trots ihärdiga eftersökningar
förstår jag inte längre
vad jag försöker
säga mig själv

42.
jag skriver min längtan
längs väggarna
täcker tapeterna
med kärleksord
låter dem fylla
mitt badkar
och översvämma
hela rummet

43.
jag skalar av
meningarnas innebörd
river av ord efter ord
som skalen på en lök
och ser hur diktens
tunna skikt
försvinner
allt djupare ner
mot den inre kärnan
tills jag slutligen
står gråtande
med tankens eviga
intenhet
i min tomma hand

44.
inte ens alla bokstäver
i alfabetet
räcker till för att mätta
mitt begär efter dig

45.
jag fångar änglarnas längtan
i en håv utan nät
stänger in dem
i min krossade glasburk

46.
i spiral faller skriften
mot sitt slut
tyngd av sin egen tyngdpunkt
oåterkallelig
in i ett svart hål

47.
låt mig inte dö
som aska, jord och sten
nej, låt mig födas på nytt
som ord

48.
med viskande andetag
håller jag pappret
över min mun
mina dikter får liv
luften omkring mig
fylls av svävande origami

49.
smeker försiktigt
nötta band
tunga ryggar
tunna blad
och sönderlästa skrifter

50.
på dina ögonlock
har du målat hjärtan
som bara jag kan se

51.
i begynnelsen var ordet
det första tecknet
skriver jag här
för dig

52.
bränn allt
bränn allt
låt himlen fyllas
av svarta kråkor
mina flaxande flagor

53.
bokstäverna smattrar
mot taket
strömmar ner i stuprännorna
som leder till underjordens bibliotek

54.
med vilka vokaler sjunger
de svarta kråkorna
som hänger uppochner
i bokstavsgrenarna
vid böckernas avgrund

55.
jag ska bända
språkets käftar ur led
och med vrickad tunga
tämja nya vokaler

56.
papperssvalorna
flyger genom trädgården
letar svarta bokstäver
under plommonträdet

57.
jag fattar min penna
plockar stjärnorna
från himlen
binder dem till en bok
av nattblått och guld

58.
med pennans kraft
tar jag klivet
ner i det fördolda

längs mörkrets väggar
ristar jag dikter
med vitkalkad krita

59.
som döda fjärilar
är mina drömmar
sönderfrusna på fönsterblecket

60.
snart når jag linjens slut
då varje rad raderats ut
åter till alfa
begynnelsens tecken
sakta så sluts omega

Sur-gubbens ballader

När jag blir en gammal gubbstrutt
ska jag hugga ved
och meta mört och abborre
från min rangliga brygga

jag ska dricka kaffe
på ett sprucket fat
och stirra på en fågelholk
som hänger på sne i en björk

jag ska lyssna på sjörapporten
på min knastriga radio
och klaga på
att vädret var bättre förr

men när det blir fredag och helg
ska jag ta LSD
och dansa naken till techno-pop
skaka min dallriga gamla kropp
och göra helikoptern
med min skrynkliga snopp.

Vid vägs ände
ska jag slå mig till ro
helt avskild från civilisationen
omgiven av skogen

jag ska inte ta emot främmande
bara umgås med bekanta
från cybervärldens länder
och jag ska bara bjuda in
kabel-TV:ns Vänner

varje månad ska jag beställa en taxi
som tar mig till flyget
och under några dagar
resa runt i Europa
gå på krogar, teatrar och utställningar

resten av tiden ska jag fördriva
på min terrass i solnedgången
skriva mina dikter
lyssna på lommens ensamma klagan
och gökens obesvarade eko
bland bergens böljande dalar.

Efter kaffet vid två
ska jag slå mig till ro
på Kronblomsoffan
med den broderade kudden
under huvudet
lyssna på Lasse Stefans
och dra några timmerstockar

men tre veckor i oktober
ska jag ta semester
och tillbringa min siesta
på Playa del Inglés
ligga i en solstol
och dricka gin och tonic
medan Medelhavets vågor
rofullt rullar in
och solen gassar
från en klarblå himmel.

Min pensionärsfrukost
ska vara spartansk
den ska bestå av kaffe
svart som midvinternatta
det ska kokas på vedspis
glödgad av björkved
tills den blir sirapstjock

till det en knäckemacka
med lite smör
och ett hårdkokt ägg
med en sträng Kalles kaviar

men till middag ska jag ha
vareviga dag
Moët & Chandon med gubbröra
oxfile och pommes château
en flaska mognad pinot noir
och till sist
tryffel
expresso
och ett glas Grönstedts XO förstås.

Jag ska gå omkring
och muttra i mitt kök
att nog var det bättre förr
det var mycket bättre förr
när man inte behövde
låsa huset
för att stänga ute buset

ja, nog var det bättre förr
när man fick vara i fred
ingen kom förbi
utan någon granne
som titta förbi
en gång per halvår

nu kommer hemtjänsten
med egen nyckel
de kommer och går som de vill
för att fråga hur det står till

kan man inte bara få vara ifred
sitta ensam och sura
vara grinig och tjura
som en gammal gubbe
på ålderns höst.

När min tid är inne
när det börjar bli dags
att föra mig till hemmet
då har jag några krav
uppskrivna på min lista

Jag ska ha eget rum
med Hästen säng deluxe
en massagedusch
ett snabbt internet
en välfylld bar
och snygga sjuksköterskor
som i Playboy mansion

annars få det vara
då stannar jag kvar
i min stuga
fastkedjad i min gungstol
ska jag sitta och muttra
och stirrar på en bottenlösa tjärn
tills jag ruttnar.

När det blir dags att döstäda
ska jag ta bort all historik
från min webläsare
och radera hårddisken
kasta alla kravbrev
från mina SMS-lån
och bränna
min älskade Playboy- samling

men mitt grundskolebetyg
det får vara kvar
med AB i slöjd och religion
det ska få hänga på väggen
som ett bevis
på vad jag lärt mig i livet.

Och när jag kommit till vägs ände
ska jag se på geväret
som länge hängt
på väggen oanvänt
det jag ärvt efter min far
och hans far före honom

Med det har vi skjutit hare, tjäder
och en och annan räv
som strukit runt
på våra ägor

Men allt har ett slut
när åkern ligger igenvuxen
ladgårn har förfallit
benen och ryggen är utslitna
och kronofogden
har mätt ut
den sista biten

skogsbolaget börja snart skövla ur-skogen
och kraftbolaget
bygga vindkraftverk på berget
nån tysk köper säkert min stuga
för att fira svensk midsommar
med sina barn och sin fruga

då ska jag bara
släppa ut katten
dricka upp mitt kaffe
och putsa klart pipan

för om en stund
stoppar jag den i min mun
och den slutliga smällen
fäller den sista sur-gubben
det kan jag lova
så sant som jag heter
Karl-Bertil Jonsson
från Surbäcksgårda.

Vid blålerans strand

Följer järnvägen en evighet
sedan den snirkliga vägen
väggrenen som slickar älven
en avstickare från riksvägen
den sönderkörda grusvägen
nedför världen brantaste backe
och sen kan jag äntligen
sträcka på benen
och säga – hemma.

Snön är mätt av vårsol
ligger tunn och däser
under granen

älgspåren har smält
till oformliga
monströsa avtryck
man kan tro
att snömannen har vandrat
över lägdan

ett fint strössel
av skal från grannkottar
ligger på isskaren
skvallrar om ekorren
kamouflerad i granens
täta grenverk.

Jag kan längta
bastuns värme
kylan från isen
smaken av lakrits
från en jäger
den kalla ölen
och tystnaden när jag
stiger ut
och står i vinterns rum
som inte verkar ha
något slut.

Här vid blåslerans strand
har regnbågen flytet iland
ett tunt flor av olja
förvillar synen
och ur dimman stiger
fantasins glömda bilder
slitna som videofilmer.

Yxan stannar upp i farten
tvärstannar vid kvisten
kilar sig envist fast
i granens tidsringar
omöjlig att bända loss
som Merlins svärd

det krävs ett par
svettiga svingar
med baksidans
fulla kraft
för att lösa upp
den gordiska knuten

efteråt står jag
insvept i mina andetag
kliar den varma hårbotten
under den tjocka pälsmössan.

Hönshuset står övergivet på kullen
med sorgsna fönster
nätet ligger förvridet
och rostar bort
kacklande har tystnat
tuppen har för länge sedan
slutat att förråda soluppgången

hönshuset står övergivet
med grånad fasad
och rostat plåttak
väntande på den sista sucken
den sista utandningen
innan det slutligen sjunker ihop.

Ovanför mig
tar stjärnorna aldrig slut
tystnaden i skogen
varar en evig minut
en satellit
synlig för blotta ögat
ett blinkande ljus
som följer sin båge
längs rymdens krökta rum
sänder en svag signal
som fångas upp
av den flimrande TV-mottagaren.

www.ingramcontent.com/pod-product-compliance
Lightning Source LLC
Chambersburg PA
CBHW030310030426
42337CB00012B/659